마음은 이미
마음을 알고 있다

마음은 이미 마음을 알고 있다
:공적영지

1판 1쇄 발행 2018. 6. 30.
1판 2쇄 발행 2019. 2. 26.

지은이 한자경

발행인 고세규
편집 태호 | 디자인 조명이
발행처 김영사
등록 1979년 5월 17일(제406-2003-036호)
주소 경기도 파주시 문발로 197(문발동) 우편번호 10881
전화 마케팅부 031)955-3100, 편집부 031)955-3200 | 팩스 031)955-3111

값은 뒤표지에 있습니다.   ISBN 978-89-349-8194-7 02100

홈페이지 www.gimmyoung.com   블로그 blog.naver.com/gybook
페이스북 facebook.com/gybooks 이메일 bestbook@gimmyoung.com

좋은 독자가 좋은 책을 만듭니다.
김영사는 독자 여러분의 의견에 항상 귀 기울이고 있습니다.

이 도서의 국립중앙도서관 출판시도서목록(CIP)은 서지정보유통지원시스템 홈페이지
(http://seoji.nl.go.kr)와 국가자료공동목록시스템(http://www.nl.go.kr/kolisnet)에서
이용하실 수 있습니다. (CIP제어번호 : CIP2018017272)

空　寂

한자경 지음

마음은 이미
마음을 알고 있다

공 적 영 지

靈　知

김영사

차
례

현대사회의 치유
: 하화중생下化衆生의 길 … 77

지은이의 말

'인간이란 무엇인가?' '나는 누구인가?' '왜 사는가?' 이런 물음은 철학을 공부하든 하지 않든 살다 보면 누구나 던지는 물음일 것이다. 나 또한 이런 물음을 갖고 철학공부를 시작했고, 그 후 40년이 넘도록 이 물음을 안고 살아왔다. 철학 안에서 배우고 생각하고 읽고 쓰고 하면서 긴 시간을 보냈다.

공부를 정리해야 할 때가 온 것일까? 시골의 자연스러움에 반해서일까? 요즘 들어 부쩍 철학에서의 나의 공부 방식, 표현 방식에 대해 회의가 느껴졌다. 누구나 묻고 생각하는 물음에 대해 철학이라는 학문은 너무 어렵고 복잡하게 말하는 것이 아닐까? 관심 있는 사람 모두와 소통할 수 있게끔 좀 더 쉽고 간단하게 표현할 수는 없을까? 쓸데없이 긴 설명과 논증을 늘어놓는 대신 내 생각의 핵심만을 간략히 말해도 되지 않을까?

이 책은 이런 의도로 시도해 본 것이다. 그동안 동양철학과 서양철학을 공부하면서 내가 배우고 생각하여 얻어낸 결론들을 가능한 군더더기 없이 간략히 표현해 보고자 노력했다. 예전부터 품어왔던 물음, '인간이란 무엇인가?' '나는 누구인가?'라는 물음에 다른 철학자의 설에 기대지 않고 내 나름의 생각으로 답해본 것이다.

1부에서는 '나는 누구인가?'의 물음에 대한 내 생각을 정리해 보았다. 여기서 내가 내린 결론은 인간의 마음은 누구나 불이不二의 심층마음인 한마음, 일심一心이며, 누구나 그 마음의 빛인 공적영지空寂靈知로써 자신과 세계를 안다는 것이다. 이 심층 한마음에 근거해서 이어 2부에서는 현대사회의 제반 문제를 내 나름의 방식으로 검토해 보고 그 문제를 헤쳐나갈 대책을 모색해 보았다. 여기 담긴 간단한 생각들이 인간의 본질 및 우리의 현실 사회에 대해 진지하게 고민하는 누군가와 함께 나누는 대화가 될 수 있기를 희망한다.

가평 연인산을 바라보며
2018년 6월 한자경

上求

본래면목을 찾아

: 상구보리上求菩提의 길

菩

提

1
이원적 분별

1

사람들은 일체一切를 크게 둘로 나눠서 보는 경향이 있다. 살아있는 것과 살아있지 않은 것, 보기 좋은 것과 보기 싫은 것, 옳은 것과 옳지 않은 것 등과 같다. 둘로 나누는 분별적 사고는 어디에나 있다. 여자와 남자, 선과 악, 미와 추 등등. 동양인은 오래전부터 이러한 이원성을 **음과 양**으로 표현해 왔고, 현대의 서양화가 에셔M.C.Escher는 이것을 **천사와 악마**로 그렸다.

음과 양

에셔의 〈천사와 악마〉

본래면목을 찾아

2

크게 둘로 나누면, 나뉜 것은 그 안에서 또 나눠진다. 살아있는 것은 움직이는 것과 움직이지 않는 것, 여자는 더 여자다운 여자와 덜 여자다운 여자 등등. 그렇게 분별은 끝이 없고 그 분별의 마지막에는 더 이상 나뉘지 않는 단독적 개별자, 개체로서의 나가 있다. 세계는 그렇게 해서 나와 나 아닌 것으로 나뉜다. 이원적 사고, 분별적 사고의 종착점은 **개인주의**이다.

계속되는 분별의 끝에서 도달되는, 더 이상 나뉠 수 없는 것을 **실체**實體라고 부른다. 서양의 철학사나 과학사는 실체 탐구의 역사이다. 철학은 개별적 실체를 **영혼** 또는 **물체**라고 부르고, 물리학은 물체를 다시 분자, 원자, 원자핵, 쿼크 등으로 계속해서 나누면서 그 안에서 실체를 찾는다. 분별적 사유는 실체론적 사유와 함께한다.

4

'인간은 이성적 동물이다'라는 서양식 인간 규정은 이원적 분별적 사고에 따른 것이다. 근사류를 종차種差를 가진 것과 안 가진 것으로 이원화하여 분별한다. 모든 것을 '살아있음'의 종차를 통해 살아있는 것(생물)과 살아있지 않은 것(무생물)으로 나누고, 생물을 다시 '운동성'의 종차를 통해 움직이는 것(동물)과 움직이지 않는 것(식물)으로 나누며, 동물을 다시 '이성'의 종차를 통해 이성적 동물(인간)과 비이성적 동물로 나눈다. 이것은 차이를 본질로 규정하면서 공통점을 사상捨象하는 방식이다. 계단을 하나씩 밟고 올라가면서 그 기반인 아래 계단을 치워버리는 것과 같다. 그렇게 우리는 허공에 떠있다. 현대인의 자연 이탈, 연대 없음과 근거 없음, 고

마음은 이미 마음을 알고 있다

16

립감과 현기증은 여기에서 온다.

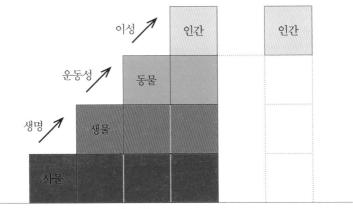

〈'인간'의 정의 방식〉

동양에서 '사람 인人'은 '어질 인仁'이다. 맹자는 인仁을 인간만의 덕성으로 보았지만, 그 후의 성리학은 인을 자연 전체의 덕성으로 간주한다. 차이 아닌 공통점을 지향하는 사유이다. 공통점은 분별적 차이를 사상함으로써 얻어진다. 서양식 사유는 차이를 더해가는 사유이고, 동양식 사유는 차이를 덜어가는 사유이다. 노자는 "나날이 더해가는 것은 학學이고, 나날이 덜어가는 것은 도道다"라고 했다. 서양철학은 차이를 더해감으로써 **분별의 학**을 지향하고, 동양철학은 차이를 덜어감으로써 **비움의 도**를 지향한다.

이원적 분별로써 개인에 이르고도 분별이 계속되면 결국 **자기분열**이 일어난다. 나에게서 몸과 맘이 다르고, 오른쪽 뇌와 왼쪽 뇌가 다르며, 이성과 감성, 생각과 느낌이 서로 다르다. 아침의 나와 저녁의 나가 다르고, 이 마음과 저 마음이 다르다. 조울증과 다중인격과 사이코패스 등은 개인 안에서 계속 진행되는 분별의 병이다.

분별은 둘 사이의 경계인 장벽을 세우고 소통을 막으며 둘 중 하나에 나를 가둔다. 장벽 이쪽은 나이고, 장벽 저쪽은 너이다. 둘의 관계는 시소와도 같아 한쪽이 올라가면 다른 한쪽이 내려간다. 네가 이기면 내가 지고, 내가 얻으면 네가 잃는다. 마음에는 비교와 경쟁의식만 남겨지고, 몸은 긴장과 스트레스로 지친다. 불안과 우울과 고독은 경쟁사회의 우리 모두가 앓고 있는 병이다.

2

상즉相卽

1

각자가 독립적인 개별자, 각각의 실체로 존재한다는 생각, 나는 단독으로 더 잘 살 수 있다는 생각, 나의 상대는 나의 경쟁자에 불과하다는 생각은 착각이다. 내가 나인 것은 나 아닌 너가 있기 때문이다. 현상세계 모든 것에는 그 대對가 되는 상대相對가 있다. 우리는 반대와 모순의 대, 상대를 기다리는 대대待對의 존재이다. 나는 나의 상대가 있음으로써 나이다. x는 x 아닌 것 $-x$와 함께함으로써만 x로 존재하고 x로 인식될 수 있다. x와 $-x$는 서로 뗄 수 없는 관계로 연결된 존재, 서로에 즉卽한 존재, **상즉**相卽의 존재이다.

2

삶은 죽음에 즉해있고, 죽음은 삶에 즉해있다. 삶이 있기에 죽음이 있고, 죽음이 있기에 삶이 있다. 살아있는 것은 반드시 죽는다. 죽지 않는 것은 살아있는 것이 아니다. 생화가 시들어 죽는 것은 살아있기 때문이다. 조화는 살아있지 않기에 시들지도 않고 죽지도 않는다. 기쁨은 슬픔에 즉하고, 밝음은 어둠에 즉한다. 슬픔이 없다면 기쁨도 없고, 어둠이 없다면 밝음도 없다. 그렇게 모든 것은 자신 아닌, 자신의 상대에 즉해있다. 상대가 없으면 나도 없다. 나는 나 아닌 것을 인연으로 해서 나로 존재한다.

3

더 이상 나눠지지 않는 개별적 실체를 설정하는 것이 **실체론**이고, 그런 개별적 실체, 개별적 자아(아트만)를 부정하는 것이 **무아론**無我論이다. 불교는 그 자체로 존립하는 개별적 실체는 없다고 논한다. 일체는 인연을 따라(연) 생겨나는(기) **연기**緣起의 결과이고, 자신 아닌 타자에 의거하여(의타) 생겨나는 (기) **의타기**依他起의 산물이다. 모든 개별자는 자신 아닌 것을 통해 자신이 되는 상즉의 존재이다.

상즉하는 것들이 서로 대면하여 경계를 만들고, 개별자는 그 경계를 따라 존재한다. 상대와 상즉하는 경계가 없다면 개별자도 없다. 흰 종이 위에 종이보다 작게 그려져 경계가 있는 빨간 사과는 사과이지만, 종이보다 커서 종이 위에 경계가 그려지지 않은 사과는 사과가 아니고 그냥 빨간 종이이다. 종이 위에 경계 너머 사과 아닌 것이 없기에 사과도 없는 것이다. 사과는 사과 아닌 것이 있어야 사과이다. x는 −x를 통해 x로 존재하고 x로 인식된다.

종이 위의 빨간 사과

빨간 종이

마음은 이미 마음을 알고 있다

상즉의 논리를 따라 우리는 어떤 것을 그것이 아닌 것이 아닌 것으로 안다. x를 x 아닌 것이 아닌 것, -x가 아닌 것, --x로 인식한다. x를 그 부정의 부정으로 아는 것이다. 불교 인식론은 이것을 **아포아**aphoa**론**이라고 하고, 서양철학은 이 것을 **변증법**辨證法이라고 부른다. 우리가 사과를 아는 것은 사과를 사과 아닌 것이 아닌 것, 배나 감이 아닌 것으로 아는 것이다. 밝음을 아는 것은 그것을 어둠이 아닌 것으로 아는 것이고, 기쁨을 아는 것은 그것을 슬픔이 아닌 것으로 아는 것이다. 그러므로 어둠을 알아야 밝음을 알고, 슬픔을 알아야 기쁨을 안다.

6

음은 양이 있어야 음이고, 양은 음이 있어야 양이다. 그렇게 음과 양은 서로 상즉相卽한다. 양을 즉해서 음이 있고, 음을 즉해서 양이 있다. 에셔의 〈천사와 악마〉에서 천사와 악마는 서로 즉해있으며, 그렇게 상즉해 있으므로 둘은 서로 뗄 수가 없다. 천사가 있으므로 악마가 있고, 악마가 있으므로 천사가 있다.

서로 다른 x와 −x 사이의 서로 뗄 수 없는 관계가 상즉이다. x와 −x는 서로 다르기에 서로 섞일 수 없는 불상잡不相雜이면서 또 서로에 즉해있기에 서로 뗄 수 없는 불상리不相離이다. 이러한 상즉相卽의 비밀은 상입相入에 있다.

3
상입相入

1

x와 -x의 상즉相卽은 x와 -x가 서로를 서로 안에 포함하는 상입相入으로 인해 가능하다. 즉 x안에 -x가 포함되어 있고 -x안에 x가 포함되어 있어야 x와 -x가 상즉을 이룰 수 있다.

음과 양이 상즉인 것은 음 안에 양이, 양 안에 음이 포함되어
있기 때문이다. 그래서 음과 양은 예전부터 서로 안에 서로
를 담고 있는 모습으로 그려졌다.

3

음의 기운인 수水의 감괘坎卦(☵)는 바깥의 음의 효(--) 안에 양의 효(—)를 품고 있고, 양의 기운인 화火의 리괘離卦(☲)는 바깥의 양의 효(—) 안에 음의 효(--)를 품고 있다. 그렇게 음과 양, 물과 불, 차가움과 뜨거움은 상즉이면서 상입이다.

분리와 분별에만 익숙한 서양은 20세기에 들어서야 비로소 상입을 생각했다. 동양사상을 연구한 심리학자 융K.Jung은 음 안의 양을 여성성 안의 남성성인 아니무스animus라고 부르고, 양 안의 음을 남성성 안의 여성성인 아니마anima라고 불렀다. 내가 나 아닌 것으로 여기는 특징들이 바로 내 안의 그림자임을 밝힌 사람이 융이다. 개별자 안에서 개인무의식뿐 아니라 집단무의식을 발견하고 동시성원리를 말할 수 있었던 것도 그가 상입을 알았기 때문이다.

5

우리는 일상적으로 나와 남을 별개의 존재로 여긴다. 나는 눈앞의 사과를 나 아닌 것으로 여긴다. 그런데 내가 그 사과를 먹으면 그 사과는 곧 나의 살과 뼈가 된다. 나 아닌 것이 내가 되는 것이다. 나는 그의 슬픔을 나 아닌 그의 느낌일 뿐이라고 여긴다. 그런데 내가 그 슬픔에 다가가 공감하고 공명하면 그의 느낌이 곧 나의 느낌이 된다. 나는 그가 하는 말을 나 아닌 그의 생각일 뿐이라고 여긴다. 그런데 내가 그 생각을 이해하고 수용하면 그의 생각이 곧 나의 생각이 된다. 결국 나의 몸과 맘, 색色과 명名, 색色·수受·상想·행行·식識 오온五蘊은 모두 나 아닌 것들이 내가 된 것이다. 그렇게 내 안에는 나 아닌 것들이 포함되어 있다. x가 −x를 포함한다.

마음은 이미 마음을 알고 있다

6

만약 사과나무a가 의식이 있다면 자신을 옆의 사과나무b와도 구별되고 자신 밖의 땅과 물과 햇빛과 공기와도 구별되는 것으로 의식했을 것이다. 그러나 시간을 거슬러 올라가 보면 그 자리에 본래 a는 없고 a는 b로부터 날아온 씨앗이 땅에 묻혀 땅속 물을 먹고 싹으로 자라나 햇빛을 받고 공기를 마시며 나무a로 자라난 것이다. 그렇게 사과나무a 안에는 지구의 땅과 물, 우주의 햇빛과 공기가 포함되어 있다. 사과나무는 자신 안에 지구와 우주를 품고 있다. 따라서 사과나무는 인간과 달리 고립된 자의식의 벽을 쌓지 않는다.

사과나무 b   사과나무 a

마음은 이미 마음을 알고 있다

사과 한 알에 지구와 우주가 담겨있다. 내가 사과를 먹는 것은 우주를 품은 사과, 우주를 먹는 것이다. 그래서 일체 존재를 절대평등의 천天으로 밝힌 동학의 최제우崔濟愚에 이어 최시형崔時亨은 타인을 하늘처럼 대하라는 **사인여천**事人如天과 더불어 자연물을 먹을 때에도 하늘이 하늘을 먹는다는 이천식천以天食天의 경건함으로 먹으라고 말했다.

상입으로 인해 개별자는 전체의 부분이면서 동시에 전체이
다. 이러한 상입의 원리는 현대과학이 밝히는 **체세포 복제**나
프랙탈 무늬 또는 **홀로그램 필름** 등에서도 찾을 수 있다. 몸의
각 세포는 몸의 일부이지만 그 안에 몸 전체의 정보가 담겨
있어 체세포 복제가 가능하다. 프랙탈 무늬도 부분이 곧 전체
를 표현하고, 홀로그램 필름도 부분이 곧 전체를 담고 있다.

본래면목을 찾아

우리의 신화를 천天인 환웅과 지地인 웅녀가 결혼하여 인人
인 단군을 낳았다는 단군신화로 읽으면 천지인 일체를 상즉
으로 읽은 것이다. 상즉의 눈으로 보면, 천과 지와 인, 남과
여와 자子가 상즉하되 각각으로 존재한다. 그와 달리, 지地
인 곰이 천天인 내면의 힘으로 수행하여 인人인 웅녀가 되었
다는 웅녀신화로 읽으면 천지인 일체를 상입으로 읽은 것이
다. 상입의 눈으로 보면, 모든 개별자가 천과 지와 인을 자신
안에 품은 절대평등의 존재이다.

	단군신화	웅녀신화
천天	환웅 – 남/부	신성
지地	웅녀 – 여/모	곰
인人	단군 – 자식	웅녀
	환웅 ≠ 웅녀 ≠ 단군	신성 = 곰 = 웅녀
	〈상즉의 논리〉	〈상입의 논리〉

에셔의 〈천사와 악마〉에서, 천사가 있기에 악마가 있고 악마가 있기에 천사가 있다는 것만 보면 그림을 상즉의 눈으로 본 것이다. 천사와 악마는 즉하되 서로 다르다. 반면 천사 안에 악마가 있고 악마 안에 천사가 있다는 것을 보면 그림을 상입의 눈으로 본 것이다. 둘은 드러난 모습만 다를 뿐 근본에서는 같다. 천사 안에 악마가 있기에 천사가 악마를 슬퍼하고, 악마 안에 천사가 있기에 악마가 천사를 미워한다.

부처 안에 지옥중생이 포함되어 있고, 지옥중생 안에 부처가 포함되어 있다는 것이 천태天台의 **성구설**性俱說이다. 지옥, 아귀, 축생, 인간, 수라, 천의 6도道의 세계와 성문, 연각, 보살, 부처의 4성聖의 세계를 합한 10계界가 각각 자신 안에 10계를 포함한다. 화엄華嚴은 하나의 티끌 안에 시방세계 진리가 모두 포함되어 있다는 **일미진중함시방**一微塵中含十方을 말하고, 그러한 세계를 **중중무진**重重無盡으로 표현한다. 마주한 거울이 서로를 비춰 그 비춤에 끝이 없는 것과 같다.

마음은 이미 마음을 알고 있다

12

x와 −x가 서로 안에 서로를 포함하는 것이 상입이다. x 안에 −x가 포함되어 있으면, x는 곧 〈x & −x〉이다. 그리고 −x 안에 x가 포함되어 있으면, −x는 곧 〈−x & x〉이다. 그런데 〈x & −x〉〈−x & x〉, 그것과 그것 아닌 것을 합하면, 그것은 결국 전체이다. 상입은 우리를 전체로 인도한다.

4
불이不二의 심층

음과 양, 천사와 악마, x와 $-x$는 상즉의 측면에서 보면 서로 다르지만, 상입의 측면에서 보면 상대를 품은 전체로서 서로 다르지 않다. 세상 모든 것은 드러난 모습은 서로 다르지만 근본에 있어서는 서로 같다. 여자와 남자, 성인과 범부, 천사와 악마, 사랑과 증오, 기쁨과 슬픔이 본질적으로는 서로 같다.

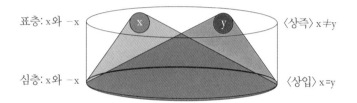

표층: x와 −x 〈상즉〉 x ≠ y

심층: x와 −x 〈상입〉 x = y

다른 것들의 다르지 않음은 대립하는 상相을 사상함으로써 얻어진다. 음과 양이 상입하는 전체의 하나는, 태극太極에서 음과 양을 나누는 경계선이 사라져 **무극**無極이 드러나는 곳에 있다. 태극의 바탕, 태극의 빈자리, 비어있는 하나의 원, 일원一圓이 곧 무극이다. 송宋나라 성리학자 주돈이周敦頤는 **태극이 곧 무극**이라고 했다. 〈천사와 악마〉에서 둘의 상입은 서로 다른 천사와 악마로 가려진 빈 종이, 그 둘의 빈 바탕에 있다.

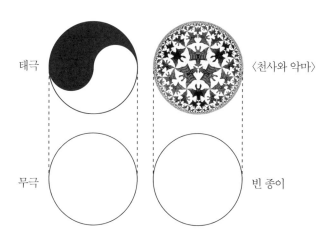

태극

〈천사와 악마〉

무극

빈 종이

3

다른 것들의 다르지 않음이 놓여있는 그 빈자리가 바로 일
체의 상입이 일어나고 있는 불이不二의 **심층**이다. 심층은 표
층의 현상에 의해 가려져 보이지 않지만 표층으로 드러나는
모든 것을 그 안에 품고 있는 에너지 장場이고 정보의 장藏
이다. 개별 사물들로 입자화할 모든 에너지가 하나의 우주
파동으로 출렁이며, 현상으로 드러날 모든 정보가 종자種子
로 갈무리되어 있다. 생명은 살아있는 모든 세포의 보이지
않는 심층이다.

표층

심층

본래면목을 찾아

4

신체의 모든 세포가 하나의 생명으로 살아가듯이, 지구의 모든 개별자는 지구의 한 생명으로 살아간다. 심층 한 생명의 **무한 반복**으로 표층 다수의 개별자가 탄생한다. 표층에서는 서로 분리된 각각의 개별자가 심층에서는 서로를 품은 전체로서 모두가 하나이다. 가지마다 피어난 각각의 꽃이 땅 밑에서 하나의 뿌리로 만나고, 망망대해 위에 흩어져 있는 각각의 섬이 해수면 아래에서 하나의 땅으로 만나듯이, 우리는 심층에서 모두 하나이다.

본래면목을 찾아

마음은 이미 마음을 알고 있다

심층의 하나는 표층적 이원화 내지 다양화가 일어나기 이전, 음과 양, 밝음과 어둠, 기쁨과 슬픔이 나뉘기 이전, 천사와 악마가 서로 다른 것으로 드러나기 이전, 너와 내가 서로 다른 존재로 분별되기 이전, 에너지가 여럿으로 나뉘기 이전, 우주 빅뱅이 일어나기 이전, 그 모든 분별 이전의 절대의 하나, 전체로서의 하나이다.

6

하나를 예감하면서 마음을 비우는 것을 **영성**靈性이라고 한다. 영성은 분별의 상相, 경계의 장벽을 허물어 경계 없는 전체, 무경계의 하나에 이르고자 한다. 분별로써 차이를 더해 가는 서양철학은 **이성**理性의 학이고, 도道로써 차이를 덜어가는 동양철학은 **영성**의 학이다.

마음은 이미 마음을 알고 있다

5
공적영지空寂靈知

1

전체의 하나는 한계가 없는 **무한**無限이며 상대를 끊는 **절대**絶
對이다. 이 절대 무한의 하나는 일체의 상대적 규정성을 떠
난 것이기에 있다고도 할 수 없고 없다고도 할 수 없다. 유有
도 아니고 무無도 아니기에 **공**空이라고 한다.

2

전체로서의 하나, 절대 무한의 하나를 서양철학은 선善의 이데아, 순수 형상, 순수 이성, 신神, 일자一者, 포괄자 등으로 칭해왔다. 그들은 일자를 사유의 정점, 사유의 끝에서 마주치는 타자로 간주한다.

3

무한자를 타자로 간주하는 것은 자타분별과 대대待對의 논리에 따라 무한자를 유한자의 반대로 여기는 것이다. 유한에 대립한 무한, 인간의 대對가 되는 신, 인간 밖의 신은 진정한 무한이 아니다. 바깥이 없는 무외無外의 일자가 아니기 때문이다. 진정한 무한은 유한에서 유한의 경계를 허물 때 드러나는 유한의 심층이다. 모든 생명체의 심층이 진정한 무한이다.

4

절대 무한의 하나는 그 하나를 아는 마음 자체이다. 생각하는 주관(자)과 생각되는 객관(타)을 포괄하는 주객미분의 **심층마음**이 그것이다. 불교는 절대 무한의 마음, 무외의 마음을 **한마음**, **일심**一心이라고 부른다. 진실로(진) 여여한(여) **진여**眞如, 진리(법)의 몸(신)인 **법신**法身은 일심의 다른 이름이다.

표층: 주객분별

심층: 한마음

일심=진여=법신

마음은 이미 마음을 알고 있다

모든 분별의 상을 다 여의면 그때 남겨지는 것이 무분별의 하나(일)인데, 그 하나가 무정물과 달리 <u>스스로</u>를 알기에 마음(심)이다. 이것이 신라의 승僧 원효元曉가 절대의 하나를 '일심'이라고 부른 이유이다. 일심은 자신을 스스로 '아는 자'이다. 원효는 마음이 자기 자신을 아는 것을 '상相을 여원 성품(성)이 자신을(자) 신령스럽게(신) 안다(해)'는 의미에서 **성자신해**性自神解라고 했다. 인간의 심층마음인 일심에 구비된 이 본래적(본) 각성(각)을 《대승기신론大乘起信論》은 **본각**本覺이라고 부른다.

우리는 대개 보이는 것이 있어야 보는 마음도 있고 들리는 것이 있어야 듣는 마음도 있다고 여긴다. 보는 것과 보이는 것, 사유(노에시스noesis)와 사유대상(노에마noema)의 필연적 연결을 20세기 현상학자 후설E.Husserl은 **의식의 지향성**이라고 불렀다. 의식은 항상 '무엇에 대한 의식'이라는 것이다. 그러나 실제로는 보이는 것과 들리는 것이 없어도 보고 들으면서 깨어있는 마음이 있다. 보고 있기에 보이는 것이 없음을 알고, 듣고 있기에 들리는 것이 없음을 안다. 우리에게는 보이고 들리는 대상보다 더 멀리 더 깊이, 무한으로 나아가는 마음이 있다.

무한으로 나아간 마음은 그 안에 보이는 것이 없는 허공과 같은(공) 마음이고 그 안에 들리는 것이 없는 적적한(적) 마음, 공적空寂의 마음이다. 공적의 마음은 본래적 각성으로 깨어있는 '아는 자'로서의 마음이다. 공적의 마음이 자신을 신령하게(영) 아는(지) 것을 **공적영지**空寂靈知라고 한다. 인간의 영성은 무한한 심층마음의 공적영지에서 온다.

거울은 그 앞에 주어지는 사물을 비춘다. 빨간 구슬은 빨갛게 비추고, 파란 구슬은 파랗게 비춘다. 거울의 비춤은 사물을 따라 일어난다. 그러나 거울의 비춤은 사물에 의해 비로소 생겨나는 것이 아니다. 거울은 앞에 사물이 있든 없든 본래 스스로를 비추고 있다. 거울 자체의 비춤이 있는 것이다. 불교에서는 대상을 따라(수연) 일어나는 비춤을 **수연응용**隨緣應用이라고 하고, 자체 성품(자성)의 본래적 비춤을 **자성본용**自性本用이라고 한다. 조선의 성리학자 김창협金昌協은 거울의 본래 비춤, 마음의 본래적 각성을 **자체지광명**自體之光明이라고 했다. 심층마음의 공적영지가 바로 자성본용이고 자체지광명이다.

마음은 이미 마음을 알고 있다

우리 마음에 공적영지가 있으므로 마음을 닦는 수행이 가능하다. 공적의 심층마음에 이르기 위해 마음의 들뜸을 없애고 적적寂寂을 유지하는 것이 지止, 사마타samatha, 집중수행이다. 그러나 적적에 오래 머물다보면 혼침昏沈에 빠지기 쉽다. 혼침에 빠지지 않고 성성惺惺하게 깨어 현재를 알아차리는 것이 관觀, 위빠사나vipassana, 관찰수행이다. 적적과 성성을 함께 유지하는 수행법을 고려의 승僧 지눌知訥은 **적성등지법**寂惺等持法이라고 했다. 이것이 곧 지와 관을 함께 닦는 **지관쌍운**止觀雙運, 정과 혜를 함께 닦는 **정혜쌍수**定慧雙修이다.

	적적	비적적
성성	**적적성성**	도거(산만)
비성성	혼침	x

마음은 이미 마음을 알고 있다

불교뿐 아니라 성리학도 심층마음의 본래적 각성을 모르지 않았다. 마음에 대상이 주어지지 않는 **사물미지**事物未至의 상태에서 감정의 들뜸이 없는 **희노애락의 미발**未發과 사려분별 작용이 일어나지 않는 **사려미맹**思慮未萌의 순간에도 마음이 성성하게 깨어 활동함을 **미발지각**未發知覺이라고 한다. 우리의 마음은 언제나 자체지광명으로 빛나는 마음, 비고 신령하여 어둡지 않은 **허령불매**虛靈不昧의 마음이다.

미발지각이 있기에 **미발시공부**未發時工夫가 가능하다. 보이지 않는 곳에서 경계하고 삼가는 **계신**戒愼과 들리지 않는 곳에서 두려워하는 **공구**恐懼가 미발시공부이다. 대상을 좇아 흩어진 마음을 구하는 **구방심**求放心의 핵심이 바로 이것이다.

12

우리가 전경을 아는 것은 전경과 배경을 포함한 전체를 알기 때문이고, 우리가 삶을 아는 것은 삶과 죽음을 포함한 전체를 알기 때문이다. 우리가 표층에서 대대의 논리에 따라 일체를 x와 −x, 나와 나 아닌 것으로 분별하여 판단하는 것은 우리가 이미 심층에서 분별 이전의 전체를 알고 있기 때문이다. 표층에서 우리가 우리 아닌 것으로 여기는 것도 심층에서 보면 이미 우리 안에 포함되어 있는 것이고, 표층에서 우리가 알지 못한다고 판단하는 것도 심층에서 보면 이미 우리가 알고 있는 것이다.

표층의 모름은 심층의 앎을 전제한다. 우리는 신을 모른다고 말하지만, 정말 모른다면 모른다는 것조차도 모를 것이다. 우리는 죽어보지 않아서 죽음을 모른다고 말하지만, 표층의 모름은 심층의 앎을 방증한다. 정말 모른다면 두려움도 없을 것이다. 죽음을 예감하는 만큼 우리는 이미 생사의 경계를 넘어선 존재이다.

현대사회의 치유

: 하화중생下化衆生의 길

1

부유하는 자아

1

의식에는 서로 다른 두 가지 의미가 있다. 하나는 'x를 의식한다'에서와 같이 대상 x를 의식하는 **대상의식**으로서의 의식이고, 다른 하나는 '의식이 있다' 또는 '잠들어서 의식이 없다'에서와 같이 **깨어있음**으로서의 의식이다. 둘은 지시하는 바가 서로 다른데도 '의식'이라는 한 단어로 불린다. 이 때문에 우리는 그 둘을 혼동하여 깨어있는 마음활동이 모두 대상의식인 것처럼 오해한다.

  a. 대상의식으로서의 의식

  b. 깨어있음으로서의 의식

2

'대상의식'은 의식하는 자(주)로 머물면서 의식되는 것(객)을 자기 밖의 대상으로 설정하는 주객분별적 표층의식이다. 표층의식은 의식하는 자는 모르고 의식되는 대상만 안다. '아는 자'는 모르고 '알려진 것'만 아는 의식이다. 반면 '깨어있음'은 자신 안에 주와 객을 포괄하는 전체로서의 마음, 주객 포괄의 심층마음이다. 심층마음은 주객을 분별하지 않은 채 무분별의 전체를 아는 마음, '아는 자'로서의 마음이다. 표층의식의 깨어있음도 실제로는 심층마음의 깨어있음에서 비롯된다. 이는 꽃의 생명이 뿌리의 생명에서 비롯되는 것과 같다.

대상의식 = 표층의식: 주객분별적 의식

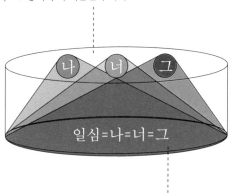

깨어있음 = 심층마음: 주객포괄적 마음

마음은 이미 마음을 알고 있다

3

현대인은 마음을 표층의 대상의식과 동일시하여, 대상의식
이 마음활동의 전부라고 여긴다. 따라서 심층마음의 각성인
본각本覺, 공적영지空寂靈知를 자기 마음의 빛으로 알아차리
지 못하며, 결국 '아는 자'로서의 자신을 알지 못한다. 자신
을 알지 못하는 무지를 **무명**無明 또는 **불각**不覺이라고 한다.
현대인은 자기 자신에 관한 한 **무명 불각**에 머문다.

4

우리는 자신의 심층 한마음을 망각하고 표층의 분별의식만으로 산다. 뿌리가 지상 위로 줄기를 뻗어내고 꽃으로 피어난 후 자신이 뿌리임을 망각하고 자신을 한 송이 꽃으로만 아는 것과 같다. 모든 꽃의 마음이 사실은 뿌리에서 모두 한마음인데, 자신을 꽃으로만 아는 꽃은 그 사실을 모른다. 뿌리는 꽃을 알지만, 꽃은 뿌리를 모른다. 뿌리의 마음은 꽃에게 가려져 있다. 그렇게 심층마음은 표층의식에게 가려져 있다.

5

자신을 심층마음이 아닌 표층의식으로만 아는 것은 마치 내가 꿈을 꾸면서 나를 '꿈꾸는 나'가 아닌 '꿈속의 나'로 오인하는 것과 같다. '꿈꾸는 나'의 의식으로부터 '꿈속의 나'의 의식이 생겨나지만 '꿈속의 나'에게 '꿈꾸는 나'는 가려져 있다. 꿈이 지속되는 한, 나는 '꿈꾸는 나'를 알아차리지 못한다. 우리가 심층 한마음을 알아차리지 못하는 것은 우리가 우리 마음을 표층의식과 동일시하여 인생의 긴 꿈에서 깨어나지 않기 때문이다. 심층마음을 모르는 채 표층에 부유하는 삶을 '전도된 꿈속 생각', **전도몽상**顚倒夢想이라고 한다.

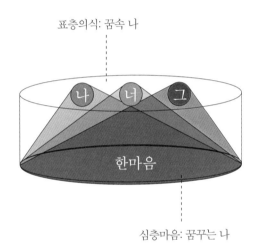

표층의식: 꿈속 나

나 너 그

한마음

심층마음: 꿈꾸는 나

마음은 이미 마음을 알고 있다

6

표층의식은 일체를 대상화하여 인식하는 대상의식이고, 전체를 분해하여 규정하는 분별의식이다. 마음을 표층의식과 동일시함으로써 우리는 자기 자신까지도 대상화된 것, 보여진 것, 분별을 통해 드러난 것으로 간주한다. '아는 자'이기에 '알려진 것'을 알면서도 그 '아는 자'를 다시 '알려진 것'으로 여긴다. 화가가 그림 안에 자신을 그려놓고는 자신을 그림 속 자기로 아는 것과 같고, 내가 꿈을 꾸면서도 나를 꿈 속의 나로 아는 것과 같다. 현대인은 그렇게 **뫼비우스의 띠** 안에 갇혀, '알려진 것'은 알지만 '아는 자'는 알지 못하는 **자기모순**을 안고 산다. 우주 만물을 모두 알되 그것을 아는 자기 자신은 알지 못한다.

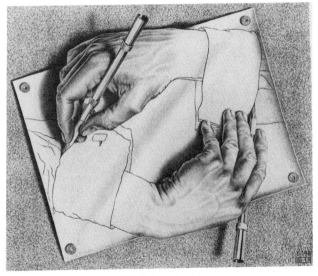

에셔의 〈그리는 손〉

마음은 이미 마음을 알고 있다

기원전 5세기경 그리스 철학자 소크라테스Socrates가 '너 자
신을 알라'고 말한 이후 서양철학은 줄곧 자아를 탐구해 왔
지만, 18세기 칸트I.Kant는 '초월적 자아는 현상세계를 인식
하되 자기 자신은 인식하지 못한다'고 했고, 20세기 비트겐
슈타인L.Wittgenstein은 '세계를 보는 형이상학적 눈은 자기 자
신은 보지 못한다'고 했다. 모두 '아는 자'로서의 자기 자신
에 대한 무지의 고백이다.

의식의 대상화는 곧 대대의 논리, 상즉의 논리에 따른 상대화이다. 오늘날 철학은 상대주의를, 과학은 상대성이론을 진리로 간주한다. 그러면서 일체가 상대적임을 아는 그 **절대의 시점, 절대의 눈**이 무엇인지는 알지 못한다. '모든 것은 상대적이다'라는 명제가 함축한 **역설**을 풀지 못한다. 포스트모더니즘의 '주체는 죽었다'는 발언도 본인에 대한 사망선고라는 점에서 동일한 역설을 담고 있다.

에셔의 〈상대성〉

현대사회의 치유

9

자신을, '아는 자'로서의 심층마음으로 깨닫지 못하고 무명 불각에 머무는 것은 일체를 대상화하여 알려고 하는 표층 분별의식의 망상 때문이다. 《전심법요傳心法要》는 이를 경고 하여 '마음으로 다시 마음을 구해서는 안 된다'고 했고, 《능 엄경楞嚴經》은 '자기 마음으로 자기 마음을 취하면 환幻 아닌 것이 환이 된다'고 했다. 마음을 대상화하여 알고자 하면 할 수록 본래 마음은 더 깊이 감추어지고 우리는 스스로 만들 어놓은 환상의 덫에 갇혀버리고 만다.

표층에만 머무르는 의식은 옷은 보되 옷 입은 사람은 보지 못하고, 말은 듣되 말하는 사람은 알지 못하는 의식이다. 사람 없는 옷, 화자 없는 말, 얼굴 없는 가면, 영혼 없는 몸이 거리를 배회하며 발신자도 수신자도 알 수 없는 무수한 정보가 세상을 떠돈다. 심층의 본성인 성性을 알지 못하므로 자신에 대해서도 남에 대해서도 오직 드러난 모습인 상相을 따라 판단하고 평가하며 단정한다. 상을 따라 떠다닐 뿐 어디에도 정착하지 못한다. 현대인은 표층에 부유하면서 바닥에 닻을 내리지 못하는 방랑자들이다. 현대는 **방랑의 시대**, **노마디즘**nomadism의 시대이다. 모두가 허공에 떠다니며 서로 부딪치고 튕기고 추락하며 상처받고 아파한다.

마음은 이미 마음을 알고 있다

11

현대사회에도 종교는 있다. 무한으로써 유한을 제압하는 종교는 있지만, 유한 안에서 무한을 발견하는 **영성**靈性은 없다. 절대를 주장하고 가르치는 종교는 있지만, 자신을 비워 절대를 실현하는 영성은 없다.

12

현대는 과학의 시대이다. 인간과 사회와 자연, 일체를 대상화하여 연구하는 과학은 발전했지만 그렇게 연구하는 주체의 자각은 없다. 연구결과의 정보와 지식은 넘쳐나지만, 그러한 정보와 지식을 아는 자기 자신에 대한 앎은 빠져있다.

마음은 이미 마음을 알고 있다
96

가지에 꽃이 피는 것이 뿌리가 살아있기 때문이듯이, 우리가 현상세계를 아는 것은 심층마음이 '아는 자'로서 활동하기 때문이다. 모든 생명체는 대상화를 통해 알려지는 것, 상相으로 드러나는 것, 그 이상의 존재이다. 심층마음의 본래적 각성인 본각, 공적영지, 그 마음의 빛 안에서만 우리는 우리 자신이 누구인지를 알게 된다. 마음의 빛을 자각함으로써만 심층에 닻을 내려 표층에서의 부유를 멈출 수 있다.

2
경쟁사회와 불행한 의식

1

심층을 망각하고 세상을 보면 존재하는 것은 모두 표층 개별자일 뿐이다. 분별 이전의 공통의 기반은 모두 사라지고 개별자들은 허공에 부유하며 오직 자신만을 위한 삶을 도모한다. 동학의 최제우는 서양사상의 근본 문제를 우리 모두가 하나의 근원이라는 **동귀일체**同歸一體를 망각하고 오로지 자기 자신만을 위하는 **각자위심**各自爲心으로 살아가는 것이라고 진단했다.

각자위심은 개별자로서의 자신을 우주의 중심에 놓고 자기 이익만을 생각하고 계산하는 이기적 마음이다. 각자위심으로 타인을 대하면 타인은 나의 이익을 위한 수단이 되고, 나는 상대를 비교와 경쟁의 대상으로만 여기게 된다. 인간을 이기적 욕망주체로 간주한 서양 근대철학자 홉스T.Hobbes는 인간관계를 '만인의 만인에 대한 투쟁'으로 규정했고, 칸트는 인류 발전의 원동력이 서로 대립하여 겨루는 경쟁과 투쟁의 정신임을 간파하고 그러한 성향을 '반사회적 사회성'이라고 불렀다.

마음은 이미 마음을 알고 있다

3

오늘날 한국에서의 교육정책은 비교와 경쟁의 논리로 일관한다. 학교에서의 등수, 수능의 등급, 대학의 커트라인, 상대평가 등은 우리가 얼마나 비교와 경쟁에 내몰리고 있는지를 보여준다. 친구도 동료도 동반자이기에 앞서 경쟁 대상으로 만난다. 우리는 오늘의 나를 어제의 나와 비교하는 것이 아니라 끊임없이 남과 비교하며 살아간다. 경쟁에서 살아남기 위해서이다. 경쟁과 투쟁으로 다져진 사회는 결국 **승자독식**勝者獨食의 사회이다.

자식이 장차 경쟁사회에서 밀려나지 않기를 바라는 부모는 오로지 자식의 성적과 등수에만 관심을 가진다. 자식이 착한 마음으로 이웃과 함께하며 낮게 처하기보다는 좋은 머리로 높은 자리에 올라가 재력과 권력을 누리기를 바란다. 하늘로 날아오르려는 강남 8학군의 사교육 현장은 총 대신 펜으로 싸우는 일종의 전쟁터이다. 승자든 패자든 모두 전쟁의 상흔을 안고 살아간다. 승자는 평생 **오만**의 병을 앓고, 패자는 줄곧 **열등감**에 시달린다.

현대사회의 치유

사람들은 경쟁과 투쟁에서 살아남기 위해 스스로 머리와 가슴을 분리한다. 손익을 계산하고 상황을 조작하는 머리는 빠르게 회전시키고, 타인과 소통하고 공감하고 배려하는 가슴은 천천히 뛰게 만든다. 공감능력을 상실한 영리한 자는 나쁜 짓을 해도 법망을 피하거나 아예 법을 바꿔가며 호의호식한다. 현대판 **오적**五賊이 끊임없이 등장한다.

비교와 경쟁에 익숙해지면 인간은 오직 자신만의 성공을 위한 삶을 기획하고 실천하게 된다. 머리가 성공 지향적, 목표 지향적 사고로 굳어지면 현재는 오로지 미래의 목표를 달성하기 위한 수단이 될 뿐이다. 언제나 내일을 위해 오늘을 희생함으로써 결국 일평생이 현재가 없는 삶이 된다. 현재가 없는 삶은 공허한 삶이다. 뒤돌아보면 인생 전체가 텅 비어 있고, 남겨지는 것은 후회와 한탄뿐이다.

목표 지향적, 성공 지향적 인간은 행복을 느끼기 어렵다. 행복은 현재의 느낌인데 현재가 늘 비어있기 때문이다. 목표로 짐 지어진 미래는 떠맡은 빚더미처럼 긴장과 스트레스의 원인이 된다. '하면 된다'를 외치며 숨 가쁘게 살아가지만 **행복지수**는 오히려 끝없이 하락하고, 현대인은 대부분 우울과 불안에 시달린다.

8

경쟁사회에서 이기적 개인으로 **각자도생**各自圖生하다 보면
심신은 지쳐 병이 나고 주변과의 갈등과 분쟁은 점점 더 많
아진다. 힘들게 일해 번 돈은 결국 의사나 변호사에게 돌아간
다. 의대나 법대의 커트라인이 점점 더 높아지는 이유이다.

표층의식에서 진정한 행복을 느끼기는 쉽지 않다. 목표를 달성함으로써만 만족과 행복에 이르려는 의식은 결국 행복을 향해 나아가기만 하고 행복에 머무르지는 못하는 **불행한 의식**이다. 아직 달성되지 않은 목표에 접근해 가는 동안은 목표가 아직 성취되지 않았기에 고통스럽고, 목표가 달성되는 순간은 만족스럽지만 그것은 단지 스쳐 지나가는 한 찰나일 뿐이다. 이미 달성된 것은 당연한 것이 되어 의식의 문턱 아래로 밀려나고, 의식은 벌써 그다음 목표를 향해 나아간다. 의식은 끊임없이 미래의 행복을 좇느라 현재의 행복을 놓쳐 버린다.

행복은 표층에서의 비교와 경쟁을 멈추고 내 안에 있는 보물을 발견함으로써만 도달될 수 있다. 보통 사람은 자기에게 없는 돈 몇 억이 탐나고 돈 몇 억을 위해 목숨을 걸겠지만, 눈이 먼 자는 전 재산을 들여서라도 눈 뜨고 싶고, 숨이 막힌 사람은 전 재산을 들여서라도 숨 쉬고 싶을 것이다. 보물은 현재 내가 갖지 못해 새롭게 획득해야 하는 것이 아니라 내게 언제나 갖추어져 있어 내가 그 소중함을 알아차리지 못하는 것, 의식의 문턱 아래 있는 것, 내가 당연하게 여기는 **기본**에 속한 것이다. 그 기본 중의 기본이 바로 우리를 깨어있게 하고 살아있게 하는 심층마음이다. 마음을 잃는 것은 모든 것을 잃는 것이다. 일체 존재와 하나로 공명하는 심층 한마음에 이르러서만 사랑과 감사, 평안과 행복을 느낄 수 있다.

3
자본주의와 양극화

1

인간이 만드는 가치 있는 것들은 모두 인간 **노동**의 산물이다. 신체노동을 통해 의식주를 해결할 옷과 음식과 집이 만들어지고 정신노동을 통해 학문과 예술이 발전한다. 가치를 창출하는 노동은 그래서 신성한 것이다. 노동한 자는 노동의 산물을 향유할 수 있어야 한다.

2

인간사회는 예부터 남의 노동력을 착취하는 구조로 유지되어 왔다. 주인이 노비의 노동력을, 귀족이 노예의 노동력을, 지주가 농노의 노동력을 착취했다. 이러한 착취구조는 과거에는 대개 **신분세습**의 방식으로 유지되었다.

3

서양 **자본주의**는 산업혁명 및 시민혁명과 함께 등장하여 자유를 내세우며 신분제를 타파했다. 이것은 화폐경제를 통해 돈을 번 사람이 돈이 없는 사람의 노동력을 자유롭게 사들이기 위한 것이다. 자본주의사회에서 인간의 노동은 노동의 산물과 마찬가지로 사고파는 **상품**이 된다. 노동을 사는 사람이 고용주인 자본가이고 노동을 파는 사람이 노동자이다. 과거에는 귀족에 딸린 노예가 귀족을 위해 노동했듯이, 이제는 자본가에 고용된 노동자가 자본가를 위해 노동한다.

현대사회의 치유

4

자본가의 생산수단과 노동자의 노동이 결합해서 상품이 만들어진다. 상품은 팔기 위해 만들어지며 상품 생산 및 판매의 목적은 더 많은 이윤, **잉여가치**를 남기는 것이다. 상품 판매로 남겨지는 금액에서 생산수단의 감가상각비와 노동의 임금을 제외하고 남겨지는 것이 잉여가치이다. 잉여가치를 자본가가 챙기는 것을 정당하다고 생각하는 것이 **자본주의**이고, 그것을 노동착취라고 생각하는 것이 **사회주의**이다. 잉여가치가 자본가에게 돌아가는 한 **빈익빈부익부**가 될 수밖에 없다.

자본주의에서 부의 축적은 자본과 토지를 통해 이루어진다. 주식투자나 부동산투기 등 '돈이 돈을 버는 방식'이 횡행할수록 빈부격차는 점점 더 심각해진다. 한국에는 조물주보다 더 높은 자리에 건물주가 있다는 말이 있다. 예전에 주인이 노비의 삶을 좌지우지했듯이, 오늘날은 고용주가 노동자의 삶을, 건물주가 세입자의 삶을 좌지우지한다. 빈익빈부익부의 구조 속에서 빈부격차가 양극화로 나아가므로 보통 사람은 부의 **신분세습**을 두려워한다. 그래서 아이 낳기를 꺼리고 나라 전체의 출산율은 하향곡선을 그린다.

6

자본주의는 존재하는 모든 것에 **값**을 매기는데, 그 값은 사물의 고유가치가 아니라 시장에서의 **교환가치**로 결정된다. 팔려는 사람(공급)이 많고 사려는 사람(수요)이 적으면 값은 내려가고, 팔려는 사람이 적고 사려는 사람이 많으면 값은 올라간다. 값을 높이려면 사려는 사람을 늘리면 된다. 이 때문에 우리 사회 도처에는 욕망을 자극하여 소비와 소유를 부추기는 **광고**가 넘쳐난다.

우리는 기본적으로 우리가 필요로 하는 것을 원한다. 내가 필요로 하는 것을 갖고자 하는 것이 **욕망**이다. 필요 이상의 지나친 욕망을 **탐욕**이라고 한다. 탐욕은 내가 필요로 하는 것을 내가 바라는 것이 아니라, 반대로 내가 바라는 것을 내가 필요로 하는 것으로 여기는 마음이다. 내가 무엇을 바라는지는 광고가 내게 알려준다.

자본주의사회는 탐욕을 부추기는 사회이다. 탐욕에 따라 우리는 나날이 더 많은 것을 소유하고자 하고, 더 많은 것을 소유하기 위해 나날이 더 많은 것을 생산하고 또 더 많은 것을 소비한다. 탐욕적인 무한 생산과 무한 소비 속에서 우리는 수억 년에 걸쳐 생성된 천연자원을 무한정으로 채굴하고, 수천 년이 지나도 쉽게 사라지지 않을 생활폐기물, 산업폐기물, 핵폐기물을 무한정으로 쏟아낸다. 우리는 우주 자연의 본래적 리듬을 놓치고 우리 자신의 탐욕의 가속도에 떠밀려 질주할 뿐이다. 자연 전체로 보면 인간은 생태계를 교란시키는 **돌연변**이이며, 결국 자기 파괴적 변종이다.

9

자본주의는 무한 욕망을 통한 무한 발전을 꿈꾼다. 자본주의에 길들여지면 스스로 욕망을 조절하는 능력을 상실하게 된다. 도시의 현대인은 대개 **욕망조절장애환자**이다. 무한 욕망은 서로 부딪치며 승부를 겨룬다. 패하면 무한 욕망의 반대급부인 무한 분노가 일어나고, 이기면 다시 또 다음 승부를 준비해야 한다. 토너먼트 방식으로 진행되는 투쟁에서 승자는 소수이고 패자가 다수일 수밖에 없다. 승자독식의 현대사회 도처에 **분노조절장애환자**가 많은 것은 이 때문이다.

자본주의는 개인의 이익과 개인의 재산을 신성불가침으로 여긴다. 각각의 개별자를 단독적 실체로 여기면서 자본주의 방식으로 부를 분배하여 빈익빈부익부가 극에 달해도 그 소유를 각자의 정당한 자기 몫이라고 주장한다. 그러나 인간은 단독적인 개별적 실체가 아니라 모두가 하나로 연결된 상즉과 상입의 존재이다. 그 어떤 행위도 단독으로 일어나지 않으며, 따라서 모든 행위는 모두가 함께 짓는 **공업**共業이다. 일체가 공업이기에 업으로 인해 일어나는 결과 또한 모두가 함께 받아야 할 **공보**共報이다. 선업善業도 악업惡業도 우리가 모두 함께 짓는 행위이고, 락과樂果와 고과苦果도 우리가 모두 함께 나누어야 할 모두의 몫이다.

공업에 따른 공보이므로 재물은 모두가 함께 행복할 수 있는 방식으로 분배되어야 옳다. 부가 소수에게 몰려 대다수가 궁핍해지는 사회는 건전한 사회가 아니다. 현재 전 세계 인구 상위 1%가 전 세계 부의 48%를, 10%가 87%를 차지하고, 전 세계 인구 하위 50%가 전 세계 부의 겨우 1%를 차지한다고 한다. 상위 1%의 부가 현재의 반인 24%로 준다고 해도 그들은 충분히 부유할 것이며, 더불어 전 인류의 반이 지금보다 무려 24배나 잘 살게 될 것이다. 그러면 굶어 죽는 사람, 사소한 병으로 아파 죽는 사람, 지나친 노동으로 지쳐 죽는 사람, 학대받는 사람들이 줄어들 것이다.

일심의 원리 및 공업과 공보의 원리에 따르면, 이토록 불공정하고 불공평한 사회에서 내가 웃고 있는 것은 다른 누군가가 나 대신 눈물을 흘리고 있기 때문이고, 내가 행복한 것은 다른 누군가가 나 대신 고통을 짊어지고 있기 때문이다.

천명설이나 왕권신수설 등의 신분세습이 오늘날 타당성이 없듯이, 자본주의식 사유재산권 또한 절대적인 것이 아니다. 부자중과세 등의 세금제나 기부에는 한계가 있다. 부와 빈이 함께 얽혀있음을 인정한다면, 사적 소유를 무제한적으로 허용하지 않고 적절한 제한을 가하는 것이 옳다. 오늘날 최소임금을 논하듯이, **최대임금**과 **최대소유**라는 제한이 필요하다.

소유의 제한을 통해서만 우리는 가진 자의 욕망조절장애의 병과 못가진 자의 분노조절장애의 병을 함께 치유해 나갈 수 있다. **낙수효과**든 **분수효과**든 맨 위층의 잔의 크기를 제한하지 않는 한, 맨 아래층 대다수의 기아와 빈곤을 막을 길이 없다.

조절되지 않은 욕망 앞에서 부는 불화와 다툼과 멸망의 원인이 된다. 유산이 많은 집안일수록 화목하기 어렵고, 부유한 나라일수록 전쟁을 일으킬 확률이 크다.

소유의 제한이 인류 물질문명의 발전에 걸림돌이 될 것이라는 염려는 망상이다. 인류의 무한탐욕으로부터 벗어나면 끊임없는 채굴과 개발에 시달리던 땅이 소생하고, 온갖 공해와 온난화에 찌들어있던 하늘이 밝아지며, 갖가지 쓰레기로 몸살을 앓던 바다가 맑아질 것이다. 생명의 기운으로 자연의 빛이 다시 돌아오면 인간을 포함한 모든 생명체가 함께 기뻐하고, 우리 다음 세대와 그다음 세대 인간들이 그 안에서 행복해할 것이다.

현대사회의 치유

4

산업사회와 배금주의

현대는 인간의 인간다움을 주로 두뇌의 **인지능력**으로 규정한다. 현대 뇌과학은 인간의 뇌를 진화과정에 따른 세 개의 층위로 설명한다. 생명기능을 담당하는 뇌간의 뇌(파충류의 뇌), 기억과 감정을 담당하는 변연계의 뇌(포유류의 뇌), 이성적 사유와 판단을 하는 대뇌피질의 뇌(인간의 뇌)가 그것이다. 원숭이에서 인간으로 진화해 가면서 뇌의 용량이 확장되는데, 원숭이의 뇌 용량은 500cc 이하, 고인류(원인Homo erectus+고인Homo sapiens)는 1,200cc 정도, 현생인류(신인Homo sapiens sapiens)는 1,500cc 정도이다.

2

인간 두뇌에는 1,000억 개가 넘는 신경세포가 있으며, 하나
의 신경세포는 1,000개 이상의 다른 신경세포와 시냅스로
연결되어 있다. 은하계의 별이 1,000억 개 정도이니 인간의
두뇌는 은하계 별들의 수만큼 많은 신경세포가 시냅스로 서
로 연결되어 하나의 망網을 이룬다.

하나의 신경세포의 수상돌기에 유입된 자극은 전기적 신호로 바뀌어 이진법의 디지털 형식으로 축삭돌기까지 전달되고, 그 자극은 다시 축삭돌기 말단의 시냅스에서 화학적 신경전달물질을 방출하여 다음 신경세포로 전달된다. 각 신경세포가 전달하는 낱낱의 점적인 자극들은 두뇌신경망을 따라 서로 연결되어 1차원 선이 되고 2차원 면이 되며 다시 3차원으로 입체화되면서 비로소 유의미한 정보로 형성된다. 두뇌신경망은 점적인 자극들을 서로 연결하고 입체적으로 조직하여 우주에 대해 우리가 알고 있는 모든 정보를 생성해 내는 **정보처리시스템**이다.

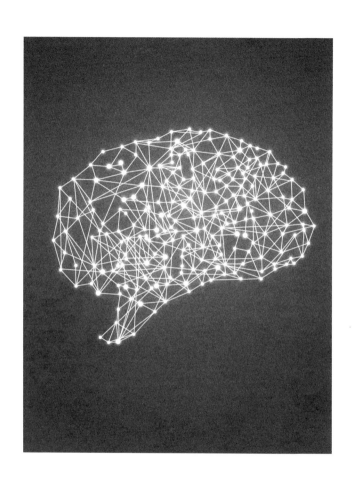

현대사회의 치유

우리가 경험하는 우주는 우리의 두뇌신경망을 따라 생성된 정보가 우리 눈앞에 펼쳐놓은 3차원 공간, 가유假有의 **현상세계**이다. 우주는 우리의 두뇌신경망을 통해 드러나는 현상이다. 따라서 현상계의 우주 만물 또한 우리의 신경망과 상응하는 하나의 망으로 연결되어 있다. 이러한 연결망을 불교는 인드라indra망이라고 부른다. 오늘날 전 세계를 연결하는 하나의 망인 인터넷은 이런 연결망의 반영이다.

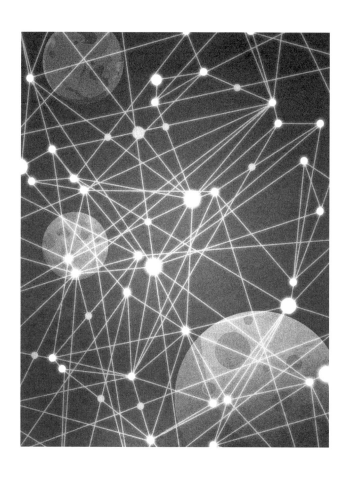

현대사회의 치유

손 안의 핸드폰에 전체 우주의 정보가 들어있듯이, 각각의 생명체는 대우주를 비추는 **소우주**이다. 두뇌신경망은 초대형 **컴퓨터 회로망**과 비교될 수 있다. 두뇌신경망에는 우리의 인식능력 및 그에 따라 인식된 현상세계의 비밀이 감추어져 있다. 두뇌신경망에 포함된 정보처리시스템의 세부 구조가 모두 밝혀지면 우리의 인식구조 및 우주의 구조까지도 모두 밝혀질 것이다.

현대사회의 치유

인간의 두뇌를 포함한 우주 전체가 모두 밝혀진다고 해서 우주를 아는 마음까지 다 알려지는 것은 아니다. 두뇌를 포함한 현상세계는 대상으로 '알려지는 것'이지만 마음은 그런 대상을 '아는 자'이기 때문이다. 정보는 표층세계를 형성하는 에너지이다. 정보에너지 및 그 에너지가 입자화하여 드러나는 현상세계는 우리 마음에 의해 알려지는 대상이다. 반면 대상을 아는 마음 자체는 알려지는 대상이 아니라 '아는 자'이다. 마음을 두뇌나 컴퓨터와 같은 정보처리시스템으로 간주하는 것은 '아는 자'와 '알려지는 것'을 구분하지 못하는 혼동이고 착각이다.

7

'아는 자'로서의 심층마음을 빼고 정보처리시스템으로서의 두뇌만 놓고 보면, 인간은 마음 없이 작동하는 기계, 인공지능 로봇과 다를 바가 없다. 인공지능 로봇은 입력된 수억의 데이터를 바탕으로 스스로 작업하여 문제를 해결하는 디지털 알고리즘 체계이다. 자료보존이나 정보처리능력, 기억과 계산능력만으로 보면 인공지능 로봇이 오히려 인간보다 낫다. 인간과 인공지능 로봇의 근본적 차이는 '알려진 것'에 있지 않고 '아는 자'로서의 마음의 유무에 있다. '아는 자'로서의 자기 마음을 알아차리지 못하는 인간은 결국 자신과 인공지능 로봇의 차이 또한 알아차리지 못한다. 현대인은 마음으로 마음을 부정하는 자기모순 속에 산다.

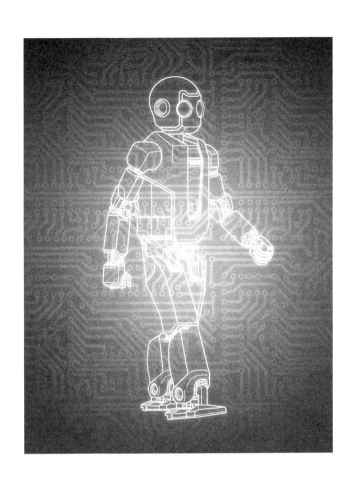

마음은 이미 마음을 알고 있다

144

자신을, '아는 자'로 알지 못하고 '알려진 것'으로만 아는 현대인은 자신을 마음 없는 기계인 로봇과 근본적으로 다르지 않다고 여긴다. 알파고의 승리를 보면서 인간이 만든 로봇이 인간보다 낫다고 여기고, 결국은 로봇이 인간 이성의 과학기술을 통해 자연 안에 등장하게 될 새로운 진화의 산물, 인간 다음의 새로운 종인 **포스트휴먼**일 것이라고 생각한다.

9

현대과학은 인터넷 정보망을 따라 전 세계를 하나로 통합하면서 사물인터넷과 인공지능 로봇으로써 인간의 활동을 대체하는 방향으로 급속히 발전해 나가고 있다. 이것을 **4차 산업혁명**이라고 부른다.

세계가 하나로 통합된다는 것은 결국 전 세계가 하나의 시장으로 바뀐다는 것이다. 로봇산업은 로봇을 개발하고 생산하고 판매하여 돈을 벌자는 것이다. 그러면 인건비를 아끼려는 회사나 공장은 로봇을 사서 그 로봇으로 사람의 일자리를 채울 것이다. 로봇보다 못한 보통 사람들은 일자리를 잃고 수입이 끊겨 궁핍해지며 소비도 못 하게 될 것이다. 그렇게 되면 공장에서 로봇이 물건을 생산해도 그것을 살 사람이 없으니, 결국 공장도 문을 닫게 될 것이다.

11

4차 산업혁명이 가져올 이러한 파국을 막기 위해 국가에서는 **기본소득**을 생각한다. 보통 사람들이 수입이 없어도 소비자로서 살아남을 정도의 생계유지비는 제공하자는 것이다. 그러나 노동을 하면서 삶을 꾸려나갈 기회를 박탈당한 채 국가로부터 기본소득을 받아 기본소비만 하면서 유지되는 삶은 참담할 것이다. 사료를 받아먹는 개·돼지처럼 취급당하다가 결국 버려질지도 모른다.

현대의 **우주과학**은 인간이 거주할 제2의 지구를 찾아 다른 별들을 탐색하는 중이다. 공해와 쓰레기로 지구의 자연환경이 파괴되고 참담한 보통 사람들의 폭동으로 사회질서가 무너져 지구에서의 삶이 위태로워지면, 그땐 재력과 권력을 가진 극소수의 사람들이 이미 준비된 우주로켓을 타고 최첨단으로 꾸며진 그들만의 비밀의 별을 향해 떠나갈지 모른다. 그들은 자신을 포스트휴먼인 로봇과 더불어 진화한 선택된 인간으로 느낄 것이다. 그들은 지구에 버려질 보통 사람들을 현재 인간이 원숭이 바라보듯 바라보며 지구를 떠날 것이다.

자신을 뿌리에서의 한생명, 한마음으로 아는 사람은 모두가 행복하지 않은 곳에서 홀로 즐거워하기를 원치 않는다. 고통받는 자의 아픔이 심층에서 바로 나의 아픔이기 때문이다. 국가는 표층 세력의 사적 이익에 이끌리지 않고 한생명의 근간인 뿌리의 건강을 지켜야 한다. 삶의 뿌리는 대지에 내려진다. 인간이 인간다운 삶을 위해 필요로 하는 것은 노동할 수 있는 터전, 발붙이고 생활할 수 있는 터전, 대지이다. 인간이 거주하는 토지는 자본주의 시장논리를 따라 사고파는 물건, 투기의 대상이 되어서는 안 된다. 뿌리가 모든 꽃의 뿌리이듯이, 대지는 **우리 모두의 대지여야** 한다.

국가는 모두가 행복할 수 있는 **공동선**을 지향해야 한다. 극소수의 부유함을 위해 대다수가 일자리를 잃고 참담해지는 산업화는 모두의 행복을 위한 것이 아니다.

정치와 경제의 밀착인 **정경유착**이 문제이듯이, 학문과 산업의 밀착인 **산학협동**은 더 큰 문제이다. 학문이 산업과 손을 잡는 순간 학문은 진리탐구의 길이 아니라 돈벌이의 수단으로 전락한다. 오늘날 대학에서의 연구가 산업화를 목표로 진행된다는 것은 우리 삶의 모든 가치가 돈벌이 하나로 집중된다는 것을 의미한다. 서양 중세철학이 신학의 시녀였다면, 오늘날 철학은 과학의 시녀이고 과학은 돈의 종노릇을 하고 있다.

16

대학은 기본적으로 진리를 탐구하는 곳이다. 대학은 학문을 하는 곳이지 장사를 하거나 흥정을 하는 곳이 아니다. 나라가 바로 서려면 대학의 독립성과 자율성이 지켜져야 한다. 학문이 자본의 논리에 이끌려가면 진리는 왜곡될 수밖에 없다.

17

수천 년 이어져 온 문화도 돈벌이 수단이 되어 **문화산업**이 되고, 삶의 터전인 자연환경도 돈벌이 수단이 되어 **관광산업**이 된다. 산업화는 모든 가치를 돈 하나로 집어삼키는 괴물이다. 현대인은 돈으로 환산될 수 없는 가치, **무용지용**無用之用을 잊고 산다.

현대인은 철저하게 자본의 논리, 시장의 논리로 세뇌되어 자신이 누구인지를 망각한 채 돈의 힘에 이끌려 정신없이 흔들리는 삶을 살고 있다. 정신이 아닌 물질의 힘에 이끌리는 삶은 파도치는 바다 위에 흔들리는 돛단배처럼 위태롭기 그지없다. 심층 한마음의 절대평등성에 닻을 내리지 않는 한, 보통 사람들의 삶을 돈의 횡포, 가진 자의 횡포로부터 지켜낼 수 있는 것은 아무것도 없다.

5

연야달다의 광기

1

자신의 심층마음을 망각하고 표층에서 방황하는 우리 현대인의 삶은 《능엄경》에 나오는 미친 연야달다演若達多를 연상시킨다. 실라벌성의 연야달다는 어느 날 새벽, 거울로 얼굴을 비추다가 거울 속 얼굴에서는 눈썹과 눈을 볼 수 있지만 자기 머리에서는 얼굴과 눈을 보지 못함에 자신을 얼굴 없는 도깨비로 여겨 미쳐 달아났다고 한다. 연야달다의 광기에도 광기로부터 벗어남에도 특별한 이유는 없다. 얼굴은 항상 거기 그대로 있고 잠시도 없었던 적이 없기 때문이다.

2

심층마음이 있는데도 그것이 가시화되어 드러나지 않기에, '마음은 없다' '주체는 죽었다' '신은 죽었다'라고 외치며 돌아다니는 것은 연야달다의 광기와 흡사하다. 심층마음이 있는데도 없다고 착각하는 것에는 이유가 없다. 이유가 있다면 착각이 아닐 것이다. 홀연 착각을 벗어나게 됨에도 이유가 없다. 착각을 벗어날 근거는 처음부터 이미 갖추어져 있기 때문이다. 마음이 보이지 않기에 없다고 생각하는 그 마음이 바로 보이지 않는 마음을 알고 있는 그 마음, '아는 자'로서의 마음이다. 마음은 이미 마음을 알고 있다. 그래서 '본각'이고 '공적영지'이다.

3

심층마음의 빛, 공적영지는 우리 각자의 마음 안에서 세상을 밝히는 빛이다. 우리는 심층마음의 빛으로 세상을 보며 세상을 안다. 우리에게 보여진 세상이 하나이듯이, 세상을 비추는 심층마음의 빛은 하나이다. 우리는 심층에서 모두 한마음이고 한생명이다.

심층 한마음을 자각하지 못하는 현대인은 자신을 표층의 분리된 고립적 개별자로 알고 살아간다. 각자위심으로 치열한 경쟁사회를 살아가느라 밖으로는 지치고 피곤하며 안으로는 외롭고 허무하다. 늘어난 평균수명은 긴장과 스트레스, 우울과 고독 등 아픈 시간으로 채워진다. 인생은 고통을 벗어나고자 발버둥 치면 칠수록 더 깊이 빠져드는 늪과 같고, 고통으로부터의 해방은 답이 없는 난제처럼 보인다. 그러나 답은 있다. 답은 우울과 고독을 느끼는 바로 그 마음 안에 있다. 우리가 세상살이를 무상하고 괴롭고 허무하고 더럽다고 느끼는 것은 우리 안에 무상하지도 괴롭지도 않고 허무하지도 더럽지도 않은 보물, 바로 **상락아정**常樂我淨의 마음이 있

기 때문이다. 자신을 상락아정의 심층마음으로 자각하지 못
하는 한, 현대인의 깊은 병은 이겨낼 길이 없다.

심층 한마음의 절대평등성 이외에는 답이 없다. 모두의 행복을 위해, 모두가 고와 락을 함께 나누기 위해 **최대소유와 최대임금**을 설정하자는 것에 대해서도 **세계화**라는 것이 우리의 발목을 잡는다. 무절제한 생산과 소비 그리고 그로 인한 환경파괴를 막기 위해 개발과 산업화에 제동을 걸자는 것에 대해서도 **국제화**라는 것이 걸림돌이 된다. 최대소유의 제한을 두면 많은 자본이 외국으로 빠져나가 결국 우리나라만 빈곤해지고, 4차 산업의 융성에 앞장서지 않으면 낙후된 산업구조로 결국 경제적 후진국으로 뒤처지게 될 것이라고 반박한다. 그러나 세계화나 국제화라는 그럴듯한 구호도 사실은 전 세계를 하나의 시장으로 통합하여 부자가 더 큰 부자가 되자는 자본주의 전략 중의 하나일 뿐이다. 세계화와 국제화에 발맞추어야 한다는 주장은 남들이 모두 뛰니까 우리도 함께 따라 뛰어야 한다는 논리이다. 그 길이 어디로 나아가는지, 그 끝이 무엇인지 알지 못해도 일단 무작정 따라 뛰자는 것이다.

6

《나의 소원》에서 김구金九는 다른 길을 제시한다. 그는 우리
나라가 이 세상에서 가장 '부강한 나라'가 아니라 가장 '아
름다운 나라', 인의仁義와 자비와 사랑이 넘치는 '인류의 모
범'이 되기를 원한다. 그는 모두가 자비의 마음으로 가진 것
을 함께 나눈다면 당시의 물질력만으로도 전 인류가 모두
편안히 살 수 있을 것이라고 말한다.

7

인류에게 부족한 것은 경제발전이나 산업발전이 아니다. 우리 모두가 행복해지기 위해 필요한 것은 더 많은 것을 생산하고 더 많은 것을 소비하는 것이 아니다. 산업화는 차수가 올라갈수록 더 많은 잉여가치를 남겨 더 극심한 빈익빈부익부로 나아갈 뿐이다. 모두의 행복을 위해 우리가 필요로 하는 것은 인의이고 자비이고 사랑이다. 인과 자비는 심층 한마음에서 일어나는 감정이다. 자신을 심층 한마음으로 자각함으로써만 우리는 가족과 이웃, 국민과 인류를 하나의 생명, 하나의 마음으로 공감하고 공명하며 사랑할 수 있을 것이다.

8

모두가 행복해지는 참된 길이라면, 한 국가로부터 시작하여 전 인류로 확장될 것이다. 네가 아프면 나도 아프고, 네가 행복해야 나도 행복한 것은 우리가 심층 뿌리에서 모두 한생명이고 한마음이기 때문이다. 이제 현대인의 병, 연야달다의 광기에서 벗어나야 할 때이다.

작품 출처

에셔의 〈천사와 악마〉: 13, 53쪽

에셔의 〈그리는 손〉: 88쪽

에셔의 〈상대성〉: 91쪽